Sommaire

Introduction

Si vous suivez mon travail depuis un moment, vous savez peut-être que c'est avec ces mini animaux que j'ai commencé à proposer des *amigurumi* à la vente, plusieurs années avant la parution de ce coffret.
Depuis, j'ai créé plus de quarante modèles de mini animaux, et j'en ai crocheté des centaines qui sont partis vous rejoindre aux quatre coins du monde. Quand j'ai écrit le premier tome des *Adorables mini animaux*, j'ai ressenti un mélange d'excitation et de peur. Et si vous n'aimiez pas tant que ça les crocheter, tous ces petits animaux que vous adoriez voir passer sur mes réseaux sociaux... ? J'ai été si vite rassurée ! Votre engouement a été immédiat, si bien qu'il a fallu réimprimer le livre presque aussitôt après sa sortie. Alors quand il a été question de me lancer dans un nouveau projet de livre après *Je débute le crochet*, je n'ai pas beaucoup hésité et j'ai écrit le deuxième tome.
Ces deux petits animaux sont des modèles issus de ces deux livres, et vous donneront peut-être envie d'aller plus loin et de crocheter des ribambelles de mini animaux, que ce soit pour constituer un adorable zoo à vos enfants, ou pour vous les garder jalousement !
Vous l'aurez compris, ces minis ont une place particulière dans mon cœur. J'espère qu'ils trouveront leur chemin vers le vôtre.

Marie

Le chaton

2 h 45

Dimensions
Hauteur
approximative : 6,5 cm

Matériel
› 1 crochet de 2,5 mm
› Coton pour crocheter : gris foncé, 11 g ; gris clair, 2 g ; rose, 50 cm
› Fil pour broderie : noir, 30 cm.
› 2 yeux de sécurité de 6 mm
› Rembourrage : 7 g environ
› Fil chenille (cure-pipe) : 5 cm (facultatif)

INFORMATIONS PRÉALABLES

La tête et le corps sont crochetés en rond, en tours fermés. La m. c. qui ferme chaque tr et la m. l. qui débute chaque tr ne sont pas indiquées dans les explications, pour plus de lisibilité, **mais il faut les faire à chaque tr**. Pour plus d'instructions, voir le chapitre *Techniques*, p. 14.
Les changements de couleur indiqués à la fin d'un tr pour la tête et le corps sont à faire au moment de la **dernière m. s.** du tr, ce qui signifie que la m. c. qui finit le tr et la m. l. qui débute le suivant sont à faire dans la nouvelle couleur. Cela permet d'avoir des changements de couleur invisibles.

OREILLES X 2

En gris foncé.
Crocheter en spirale.
Tr 1 : 4 m. s. dans 1 cercle magique (4 m.).
Tr 2 : (1 aug., 1 m. s.) x 2 (6 m.).
Tr 3 : (1 aug., 2 m. s.) x 2 (8 m.).
Tr 4 : 1 m. c. Ne pas crocheter les autres m. (8 m.).
Couper le fil à 20 cm de longueur. Aplatir l'oreille de façon à avoir le fil à une extrémité. Avec du fil rose et une aiguille, broder 4 ou 5 petits traits de 1 tr de hauteur pour former un petit triangle au centre d'une des faces de chaque oreille. Je préfère les broder sur la 3e m. du tr 3 afin que l'oreille soit cousue dans le bon sens. Nouer les fils, les couper et les rentrer dans l'oreille.

TÊTE

En gris foncé. Crocheter en rond, en trs fermés (voir les instructions préalables pour plus de détails).
Tr 1 : 6 m. s. dans 1 cercle magique (6 m.).
Tr 2 : 6 aug. (12 m.).
Tr 3 : (1 m. s., 1 aug.) x 2, 2 m. s. ; en gris clair : 1 m. s. dans la même m. que la précédente, 1 m. s. ; en gris foncé : (1 aug., 1 m. s.) x 2, 1 aug. (18 m.).
Tr 4 : (1 m. s., 1 aug., 1 m. s.) x 6. Changer de couleur pour du gris clair (24 m.).
Tr 5 : 5 m. s. ; en gris foncé : 2 m. s., 1 aug., 2 m. s. ; en gris clair : 4 m. s. ; en gris foncé : 1 m. s., 1 aug., 3 m. s. ; en gris clair : 4 m. s., 1 aug. Changer de couleur pour du gris foncé (27 m.).
Tr 6 : (3 m. s., 1 aug., 5 m. s.) x 3. Changer de couleur pour du gris clair (30 m.).
Tr 7 : 8 m. s. ; en gris foncé : 14 m. s. ; en gris clair : 8 m. s. Changer de couleur pour du gris foncé (30 m.).
Tr 8 : 30 m. s. Changer de couleur pour du gris clair (30 m.).
Trs 9 et 10 : Répéter les trs 7 et 8 (30 m.).
Tr 11 : 3 m. s., 1 dim. ; en gris foncé : (3 m. s., 1 dim.) x 4 ; en gris clair : 3 m. s., 1 dim. Changer de couleur pour du gris foncé (24 m.).
Insérer les yeux de sécurité entre les trs 9 et 10, dans les m. 12 et 19 du tr 9.
Coudre les oreilles de part et d'autre de la tête, à cheval sur les trs 3 à 5. Nouer les fils à l'intérieur de la tête et couper.
Commencer à rembourrer la tête.
Tr 12 : (1 m. s., 1 dim., 1 m. s.) x 6 (18 m.).
Tr 13 : (1 dim., 1 m. s.) x 5, 1 dim., 1 m. c. (12 m.).

Couper le fil à 30 cm de longueur.
Finir de rembourrer la tête.
Avec 20 cm de fil rose, broder un petit trait de 2 ou 3 épaisseurs entre les trs 10 et 11, entre les 2 yeux, en guise de museau.
À l'aide d'une aiguille et du fil rose, broder les pommettes en faisant un petit trait de deux épaisseurs de fil au bas de chaque œil, au coin extérieur.
Avec le fil noir, broder 2 traits de chaque côté de la tête en guise de moustaches, à cheval sur les trs 10 et 11.

QUEUE

En gris clair. Crocheter en spirale.
Tr 1 : 4 m. s. dans 1 cercle magique (4 m.).
Tr 2 : 1 aug., 3 m. s. (5 m.).
Tr 3 : 5 m. s. (5 m.).
Tr 4 : en gris foncé : 5 m. s. (5 m.).
Tr 5 : en gris clair : 5 m. s. (5 m.).
Trs 6 et 7 : Répéter les trs 4 et 5. (5 m.).
Tr 8 : En gris foncé. 4 m. s., 1 m. c. (5 m.).
Arrêter le fil gris clair et couper le fil gris foncé à 20 cm de longueur.
Facultatif : prendre un fil chenille et replier une extrémité à l'aide d'une pince. Insérer cette extrémité dans la queue, jusqu'au bout. Plier le fil chenille à la longueur voulue et couper 1 cm plus loin. Ressortir un peu le fil chenille pour pouvoir finir de replier l'extrémité et le réinsérer dans la queue à l'aide de la pince.

PATTES AVANT X 2

En gris foncé.
Couper 1 fil de 20 cm. Plier ce fil en deux et faire un nœud de plein poing de façon à obtenir une petite boucle au milieu du fil, qui fasse environ 5 mm de longueur.

PATTES ARRIERE X 2

En gris foncé.
Faire 5 m. s. dans 1 cercle magique, en gardant 10 cm de fil au départ et 15 cm à la fin.

CORPS

En gris foncé.
Crocheter en rond, en trs fermés (voir les instructions préalables pour plus de détails).
Tr 1 : 6 m. s. dans 1 cercle magique (6 m.).
Tr 2 : 6 aug. (12 m.).
Tr 3 : (1 m. s., 1 aug.) x 6 (18 m.).
Tr 4 : (1 m. s., 1 aug., 1 m. s.) x 6 (24 m.).
Tr 5 : 24 m. s. dans le brin arrière uniquement. Changer de couleur pour du gris clair (24 m.).
Tr 6 : 8 m. s. ; en gris foncé : 8 m. s. ; en gris clair : 8 m. s. Changer de couleur pour du gris foncé (24 m.).
Tr 7 : 24 m. s. Changer de couleur pour du gris clair (24 m.).
Tr 8 : 6 m. s. ; en gris foncé : 12 m. s. ; en gris clair : 6 m. s. Changer de couleur pour du gris foncé (24 m.).
Tr 9 : 24 m. s. Changer de couleur pour du gris clair (24 m.).
Attacher les pattes arrière au corps de cette façon : à l'aide d'une aiguille, avec le fil de la fin, coudre les 1re et dernière m. s. de la 1re patte dans les m. 8 et 10 du tr 5 (entre les trs 4 et 5), et nouer les fils du départ et de la fin de la patte plusieurs fois à l'intérieur du corps en serrant bien les nœuds. Coudre la 2e patte au niveau des m. 15 et 17 du tr 5.
Tr 10 : 1 m. s., 1 dim., 1 m. s. ; en gris foncé : (1 m. s., 1 dim., 1 m. s.) x 4 ; en gris clair : 1 m. s., 1 dim., 1 m. s. Changer de couleur pour du gris foncé (18 m.).
Tr 11 : (1 m. s., 1 dim.) x 6., marquer la 2e m du tr (12 m.).
Couper le fil en gardant 10 cm de longueur. Ne pas l'arrêter pour le moment.

ASSEMBLAGE

Attacher les pattes avant au corps. À l'aide d'une aiguille, passer les 2 fils de la 1re patte dans les m. 8 et 9 du tr 9 (entre les trs 9 et 10) et les nouer plusieurs fois à l'intérieur du corps en serrant bien les nœuds. Passer les fils de la 2e patte dans les m. 17 et 18 du tr 9.

Coudre la queue à l'arrière, à cheval sur les trs 5 et 6. Nouer le fil à l'intérieur et couper.

Arrêter le fil de la fin du corps de façon invisible. Nouer le fil à l'intérieur et couper. Rembourrer le corps.

Coudre la tête au corps, à l'aide du fil qu'on a gardé à la fin de la tête. Commencer par piquer dans la m. marquée au dernier tr du corps, de l'intérieur vers l'extérieur. Piquer ensuite dans la m. précédente de la tête (avant-dernière m. du tr 13), de l'extérieur vers l'intérieur. Coudre tout autour en répétant ces deux étapes. Avant de faire les derniers points de couture, ajouter un peu de rembourrage, si nécessaire. Une fois le dernier point effectué, piquer dans le cou pour faire ressortir le fil en face, au niveau du cou également. Puis piquer juste à côté pour faire ressortir le fil au niveau du cercle magique du corps. Piquer juste à côté du cercle magique et faire ressortir le fil au niveau du cou à nouveau. Prendre le temps de donner la bonne forme au corps et ajuster la tension du fil : il faut que ce fil maintienne la base du corps bien plate et évite qu'elle s'arrondisse, mais sans la tirer vers l'intérieur et faire un creux. Pour finir, rentrer le fil dans la tête en faisant quelques allers-retours pour sécuriser et couper à ras.

La souris

2 h 15

Dimensions
Hauteur
approximative : 6,5 cm

Matériel
› 1 crochet de 2,5 mm
› Coton pour crocheter : gris clair, 10 g ; rose, 50 cm ; rouge, 2,5 m
› 2 yeux de sécurité de 6 mm
› Rembourrage : 7 g environ

OREILLES X 2

Partie intérieure x 2

En rose.
5 m. s. dans 1 cercle magique. Couper le fil à 10 cm de longueur. À l'aide d'une aiguille, passer ce fil sous les 2 brins de la 1re m. faite dans le cercle magique, de l'arrière vers l'avant. Puis passer ce fil sous le brin arrière de la dernière m. faite dans le cercle, de l'avant vers l'arrière. Nouer ce fil avec celui du départ et couper. On obtient un rond fermé avec 6 m.

Partie extérieure x 2

En gris. Crocheter en spirale.
Tr 1 : 6 m. s. dans 1 cercle magique (6 m.).
Tr 2 : Crocheter les 2 parties simultanément, en positionnant le rond rose sur le gris. Piquer uniquement dans le brin arrière des m. de la partie rose et dans les 2 brins de la partie grise : 5 aug., ne pas crocheter la dernière m. du tr (11 m.).
Couper le fil à 25 cm de longueur. S'il est resté apparent, rentrer le fil du départ de la partie grise à l'intérieur de l'oreille et couper à ras.

TÊTE

En gris. Crocheter en spirale.
Tr 1 : 6 m. s. dans 1 cercle magique (6 m.).
Tr 2 : 6 aug. (12 m.).
Tr 3 : (1 m. s., 1 aug.) x 6 (18 m.).
Tr 4 : (1 m. s., 1 aug., 1 m. s.) x 6 (24 m.).
Tr 5 : (7 m. s., 1 aug.) x 3 (27 m.).
Tr 6 : (3 m. s., 1 aug., 5 m. s.) x 3 (30 m.).
Trs 7 à 10 : 30 m. s. (30 m.).
Tr 11 : (3 m. s., 1 dim.) x 6 (24 m.).
Insérer les yeux de sécurité entre les trs 9 et 10, dans les m. 12 et 19 du tr 9.
Coudre les oreilles de part et d'autre de la tête, à cheval sur les trs 4 et 5. Faire un point de couture dans les 1re et dernière m. du tr 2 de l'oreille, ainsi que dans la m. non crochetée, entre les deux.
Nouer le fil à l'intérieur et couper.
Commencer à rembourrer la tête.
Tr 12 : (1 m. s., 1 dim., 1 m. s.) x 6 (18 m.).
Tr 13 : (1 dim., 1 m. s.) x 5, 1 dim., 1 m. c. (12 m.).
Couper le fil à 30 cm de longueur.
Finir de rembourrer la tête.
Avec 20 cm de fil rose, broder un petit trait de 2 ou 3 épaisseurs entre les trs 10 et 11, entre les 2 yeux, en guise de museau.
À l'aide d'une aiguille et du fil rose, broder les pommettes en faisant un petit trait de deux épaisseurs de fil au bas de chaque œil, au coin extérieur.

QUEUE

En gris.
Faire 1 chaînette de 7 m. l. en gardant 1 cm de fil au départ. Bien serrer le nœud du départ. Couper le fil à 15 cm de longueur. Séparer les brins du fil du départ pour donner un effet « plumeau ».

PATTES AVANT X 2

En gris. Couper 1 fil de 20 cm. Plier ce fil en deux et faire un nœud de plein poing de façon à obtenir une petite boucle au milieu du fil, qui fasse environ 5 mm de longueur.

PATTES ARRIERE X 2

En gris. Faire 5 m. s. dans 1 cercle magique, en gardant 10 cm de fil au départ et 15 cm à la fin.

ÉCHARPE

En rouge. Faire 1 chaînette de 40 m. l. en gardant 10 cm de fil au départ, puis 39 m. s. dans la chaînette en partant de la 2e m. à partir du crochet. Couper le fil à 10 cm de longueur. Nouer ensemble les fils du départ et de la fin, et les passer sous quelques m. de l'écharpe avant de couper à ras.

CORPS

Tr 1 : 6 m. s. dans 1 cercle magique (6 m.).
Tr 2 : 6 aug. (12 m.).
Tr 3 : (1 m. s., 1 aug.) x 6 (18 m.).
Tr 4 : (1 m. s., 1 aug., 1 m. s.) x 6 (24 m.).
Tr 5 : 24 m. s. dans le brin arrière uniquement (24 m.).
Trs 6 à 9 : 24 m. s. (24 m.).
Attacher les pattes arrière au corps de cette façon : à l'aide d'une aiguille, avec le fil de la fin, coudre les 1re et dernière m. s. de la 1re patte dans les m. 8 et 10 du tr 5 (entre les trs 4 et 5), et nouer les fils du départ et de la fin de la patte plusieurs fois à l'intérieur du corps en serrant bien les nœuds. Coudre la 2e patte au niveau des m. 15 et 17 du tr 5.
Tr 10 : (1 m. s., 1 dim., 1 m. s.) x 6 (18 m.).
Tr 11 : (1 m. s., 1 dim.) x 6., marquer la 3e m du tr (12 m.).
Couper le fil en gardant 10 cm de longueur. Ne pas l'arrêter pour le moment.

ASSEMBLAGE

Attacher les pattes avant au corps. À l'aide d'une aiguille, passer les 2 fils de la 1re patte dans les m. 8 et 9 du tr 9 (entre les trs 9 et 10) et les nouer plusieurs fois à l'intérieur du corps en serrant bien les nœuds. Passer les fils de la 2e patte dans les m. 17 et 18 du tr 9.

Coudre la queue à l'arrière, entre les trs 4 et 5 : piquer dans la 1re m. du tr 5, de l'extérieur vers l'intérieur du corps et ressortir l'aiguille à côté, dans la dernière m. du tr 5. Passer le fil dans la 7e m. l. de la queue, de l'avant vers l'arrière et piquer dans le corps, entre les 2 points de couture. Nouer le fil à l'intérieur et couper.

Arrêter le fil de la fin du corps de façon invisible. Nouer le fil à l'intérieur et couper. Rembourrer le corps.

Coudre la tête au corps, à l'aide du fil qu'on a gardé à la fin de la tête. Commencer par piquer dans la m. marquée au dernier tr du corps, de l'intérieur vers l'extérieur. Piquer ensuite dans la m. précédente de la tête (avant-dernière m. du tr 13), de l'extérieur vers l'intérieur. Coudre tout autour en répétant ces deux étapes. Avant de faire les derniers points de couture, ajouter un peu de rembourrage, si nécessaire. Une fois le dernier point effectué, piquer dans le cou pour faire ressortir le fil en face, au niveau du cou également. Puis piquer juste à côté pour faire ressortir le fil au niveau du cercle magique du corps. Piquer juste à côté du cercle magique et faire ressortir le fil au niveau du cou à nouveau. Prendre le temps de donner la bonne forme au corps et ajuster la tension du fil : il faut que ce fil maintienne la base du corps bien plate et évite qu'elle s'arrondisse, mais sans la tirer vers l'intérieur et faire un creux. Pour finir, rentrer le fil dans la tête en faisant quelques allers-retours pour sécuriser et couper à ras.

Matériel

LAINES

Vous trouverez dans ce coffret les coloris et quantité de laine nécessaires pour réaliser les deux petits animaux. Libre à vous de reproduire ensuite ces patrons avec la laine de votre choix. Si vous cherchez une qualité équivalente, vous pouvez vous tourner vers le fil *Natura Just Cotton* de DMC. Les modèles en photos ont, eux, été réalisés avec le fil *Happy Cotton* de DMC.

Pour crocheter un *amigurumi*, on crochète toujours plus serré que pour un autre type d'ouvrage, afin de ne pas avoir de trous entre les mailles, qui laisseraient voir le rembourrage. Pour cette raison, si vous choisissez une autre laine, il faudra toujours veiller à utiliser un crochet d'une taille inférieure à la taille préconisée sur la pelote.

N'hésitez pas à essayer également ces patrons avec un fil de coton plus épais, comme le DMC *Natura Just Cotton* ***Medium***, à crocheter en 3 mm ou en 3,5 mm, selon la souplesse désirée. Cela vous donnera des animaux de 9 cm de haut environ au lieu de 6 cm, parfaits pour faire de petits doudous ou de jolies décorations dans une chambre d'enfant.

CROCHETS

Utilisez le crochet de 2,5 mm inclus dans ce coffret pour crocheter ces animaux.

REMBOURRAGE

Le rembourrage nécessaire est inclus dans ce coffret. Pour réaliser d'autres animaux de même taille, il vous faudra environ 15 g de rembourrage pour deux animaux.

Personnellement, j'utilise du rembourrage en polyester, traité antiacariens. Il est facile d'en acheter en ligne, en sacs de 300 g, 500 g ou 1 kg. Vous pouvez également en trouver dans les merceries ou les magasins de tissus, ou, à défaut, récupérer le rembourrage d'un oreiller !

Le rembourrage doit être assez dense pour bien donner sa forme au projet que vous réalisez. Mais il ne doit pas non plus être trop dense pour ne pas écarter les mailles : on apercevrait le rembourrage entre chaque maille, ce qui n'est pas esthétique et peut s'avérer dangereux pour les jeunes enfants.

YEUX DE SÉCURITÉ

Les yeux fournis dans ce coffret sont des yeux de sécurité de 6 mm de diamètre.
Ils sont à enfiler entre les mailles, au moment indiqué. Ils sont fournis avec une rondelle qui se clipse à l'arrière du travail sur la tige crantée, ce qui garantit qu'ils ne peuvent plus s'enlever par la suite.

AUTRE MATÉRIEL

- Aiguille à laine et aiguille plus fine pour les fils de broderies.
- Épingles pour tenir les pièces ensemble au moment de l'assemblage.
- Marqueurs de maille. Si vous n'en avez pas, vous pouvez également utiliser une petite épingle à nourrice, un trombone ou un petit morceau de fil passé dans la maille à marquer.
- Ciseaux.
- Facultatif : pince plate. Elle m'est très utile pour rembourrer les petites parties crochetées, aller rajouter un peu de rembourrage à un endroit précis, ou tirer une aiguille à travers plusieurs épaisseurs de laine et de rembourrage (on épargne ainsi ses doigts !)
- Facultatif : fil chenille (cure-pipe) pour la queue du chat.

Techniques

Les explications suivantes sont données pour quelqu'un qui tient le crochet dans la main droite. Si vous êtes gaucher, vous devrez suivre les explications en miroir.
Pour apprendre à tenir le crochet et le fil, flasher le QR Code.

LES MAILLES DE BASE

La chaînette : mailles en l'air

1. Faire un nœud coulant : enrouler le fil autour du crochet, puis à l'aide de la pointe du crochet, attraper ce fil et le ramener à travers la boucle. Ce nœud coulant est le point de départ, mais il ne compte jamais comme une maille.
2. Pour faire une maille en l'air, faire un jeté (passer le fil d'arrière en avant, par-dessus le crochet) et ramener ce fil à travers la boucle du crochet.
3. Répéter la deuxième étape jusqu'à l'obtention du nombre de mailles souhaité. La boucle sur le crochet ne doit jamais être comptée.

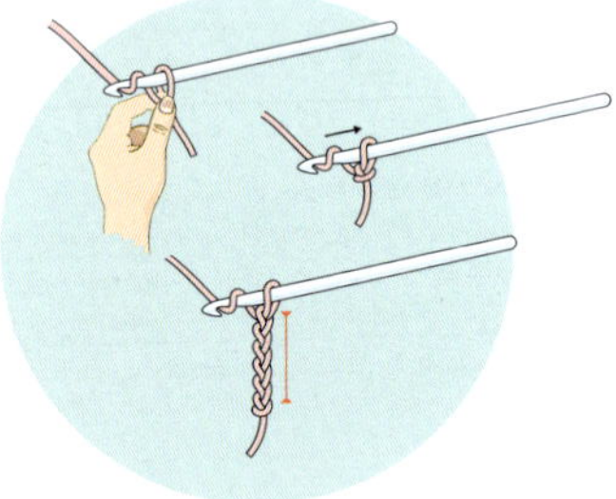

Maille coulée

1. Piquer le crochet dans la maille indiquée.
2. Faire un jeté et ramener le fil à travers la maille dans laquelle vous avez piqué et la boucle du crochet. Il doit rester une boucle sur le crochet.

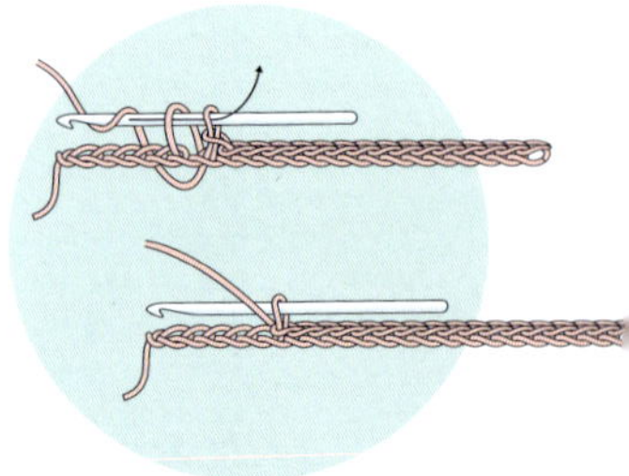

Maille serrée

1. Piquer le crochet dans la maille indiquée.
2. Faire un jeté et ramener le fil à travers la maille dans laquelle vous avez piqué. Il doit rester deux boucles sur le crochet.
3. Faire un deuxième jeté et ramener le fil à travers les deux boucles. Il doit rester une boucle sur le crochet.

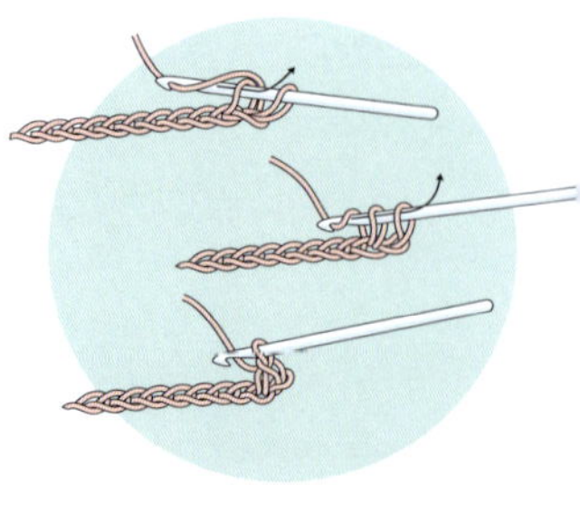

OÙ PIQUER LE CROCHET ?

Sauf indication contraire, toujours piquer le crochet de l'avant vers l'arrière.

Dans une chaînette

Piquer le crochet dans les brins supérieurs de la chaînette.

À la fin de la chaînette, tourner le travail de l'autre côté si on crochète en rangs, ou bien continuer en tournant autour de la chaînette pour former un ovale. Dans ce cas, continuer à crocheter sur la chaînette, mais cette fois dans les brins inférieurs.

Dans les mailles d'un tour précédent

Une maille crochetée est toujours surmontée de deux petits brins formant un V horizontal, quel que soit le type de maille. Sauf indication contraire, toujours piquer le crochet sous ces deux brins.

Dans le brin avant

Quand cette indication est donnée, piquer le crochet uniquement dans le brin avant, c'est-à-dire le brin du V qui est vers soi, à l'extérieur du travail.

Dans le brin arrière

Quand cette indication est donnée, piquer le crochet uniquement dans le brin arrière, c'est-à-dire le brin du V qui est le plus éloigné de soi, à l'intérieur du travail.

CROCHETER EN RANGS

Un travail en rangs commence toujours par une chaînette qui sert de base. Crocheter de droite à gauche, en tournant l'ouvrage d'un demi-tour à la fin de chaque rang (dans le sens des aiguilles d'une montre). La dernière maille crochetée devient ainsi la première maille du rang suivant. Le travail en rangs nécessite de faire une ou plusieurs mailles en l'air au début de chaque rang, en fonction de la hauteur des mailles qui composent le rang (cela sera indiqué dans les explications des modèles concernés).

CROCHETER EN ROND

Le travail en rond est la technique la plus utilisée pour réaliser des *amigurumi*. Il permet de travailler en continu, sans tourner le travail. Un travail en rond commence en faisant un cercle magique (ou une chaînette, si on souhaite crocheter une pièce ovale), puis peut se faire en spirale ou en fermant chaque tour avec une maille coulée.

Cercle magique

Cette technique permet de resserrer le premier tour afin qu'il n'y ait pas de trou au centre de l'ouvrage.

Tenir l'extrémité du fil entre le pouce et l'index de la main gauche. L'enrouler autour de l'index en faisant un tour. Maintenir la partie du fil reliée à la pelote avec le majeur et l'annulaire. Piquer le crochet sous la boucle formée sur l'index (entre le fil et le dessus du doigt) et ramener le fil relié à la pelote. Faire une maille en l'air. Le cercle magique est prêt. À partir de là, crocheter le nombre de mailles indiqué dans la boucle ainsi formée. Il ne reste plus qu'à tirer l'extrémité du fil pour resserrer le cercle. Coincer ce fil, si besoin, en crochetant les mailles du deuxième tour, pour le sécuriser.

Crocheter en spirale

Cette technique consiste à crocheter en continu, sans fermer les tours.

À la fin d'un tour, continuer simplement à crocheter dans la maille suivante, qui est la première maille du tour que l'on vient de finir.

Il est important d'utiliser un marqueur de maille pour se repérer dans son ouvrage. Placer ce marqueur sur la première maille de chaque tour. À la dernière maille du tour, retirer le marqueur, faire la première maille du tour suivant et placer le marqueur dessus.

Crocheter en tours fermés

Cette technique consiste à fermer chaque tour avant d'attaquer le suivant.

Après avoir fait la dernière maille du tour, faire une maille coulée dans la première maille réalisée au début du tour. Cette maille ferme le tour, elle ne se compte jamais dans le décompte des mailles du tour.

Pour commencer un nouveau tour, faire d'abord le nombre de mailles en l'air correspondant au type de maille que l'on va crocheter sur ce tour, pour atteindre la bonne hauteur : une maille en l'air pour des mailles serrées, deux pour des demi-brides, trois pour des brides simples, etc. Ces mailles en l'air ne comptent pas non plus dans le décompte des mailles du tour. Puis faire la première maille du nouveau tour dans la première maille du tour précédent (la même que celle dans laquelle vous venez de faire la maille coulée). Même s'il est plus facile de se repérer dans le travail en crochetant de cette façon, je conseille tout de même de marquer la première maille des tours.

On m'a souvent demandé pourquoi je crochète certaines parties en tours fermés dans mes modèles. Il est en effet plus habituel de crocheter les *amigurumi* en spirale. Crocheter en tours fermés a ses avantages. Cela permet d'abord des changements de couleurs plus nets pour un modèle à rayures. Pour certaines pièces, cela permet également d'avoir un résultat qui est davantage d'aplomb. C'est, par exemple, le cas pour les corps des animaux miniatures, que je réalise avec cette technique. Cependant, en cas de difficulté avec cette technique, il est tout à fait possible de crocheter en spirale à la place.

Astuce : Il est facile de rendre presque invisible la démarcation qui se forme avec la maille coulée qui ferme chaque tour. Il suffit pour cela de serrer cette maille au maximum, tout en crochetant le reste normalement !

LES AUGMENTATIONS

Une augmentation consiste tout simplement à faire deux mailles dans la même maille du tour ou du rang précédent.

Les *amigurumi* ou autres objets crochetés sont réalisés essentiellement avec des mailles serrées. Aussi, quand on voit l'abréviation « aug. », cela signifie que l'on doit faire deux mailles serrées dans la même maille. Il arrive parfois que l'on doive augmenter un autre type de maille. Dans ce cas, il sera indiqué de faire, par exemple, « deux demi-brides dans la même maille ». On peut également être amené à faire parfois « trois mailles serrées dans la même maille ». Suivre scrupuleusement les instructions pour obtenir le résultat attendu.

LES DIMINUTIONS

Une diminution consiste à crocheter deux mailles ensemble pour n'en obtenir qu'une seule à la place. J'utilise principalement la technique des diminutions invisibles. Lorsque que l'on rencontre l'abréviation « dim. », cela signifie que l'on doit crocheter deux mailles serrées ensemble. Pour cela, au lieu de piquer dans les deux brins de la maille, piquer tout simplement le crochet dans le brin avant de la maille, puis immédiatement dans le brin avant de la maille suivante. Faire ensuite une maille serrée. Si on doit faire une diminution en demi-bride, suivre la même méthode : faire un jeté, comme on le ferait pour une demi-bride normale, puis piquer le crochet dans le brin avant de la première maille et immédiatement dans le brin avant de la maille suivante. Faire un autre jeté, ramener le fil à travers ces deux brins avant. Puis faire un dernier jeté et ramener le fil à travers les trois boucles sur le crochet.

Pour diminuer le nombre de mailles d'un tour, il faudra parfois écouler des mailles ensemble. Cela consiste à faire des mailles incomplètes (on ne fait pas le dernier jeté de ces mailles), pour les écouler ensemble lors d'un dernier jeté commun. Par exemple, pour écouler deux mailles serrées ensemble, il faut :

- Piquer le crochet comme indiqué dans la maille suivante, faire un jeté et ramener le fil. Il reste donc deux boucles sur le crochet.
- Au lieu de terminer cette maille serrée, piquer le crochet dans la maille suivante, faire un jeté et ramener le fil. Il y a donc trois boucles sur le crochet.
- Faire un dernier jeté et ramener le fil à travers les trois boucles sur le crochet. Il n'en reste plus qu'une.

Pour écouler ensemble un autre type de maille, procéder toujours de la même façon en suivant toutes les étapes de la maille en question, sauf le dernier jeté. Après avoir fait le nombre de mailles incomplètes à écouler (il peut y en avoir plus de deux), faire un dernier jeté et ramener le fil à travers toutes les boucles sur le crochet.

LES CHANGEMENTS DE COULEUR

Il est important de bien faire le changement de couleur au moment indiqué pour obtenir le résultat escompté. Mais, pour obtenir un résultat net, il faut en fait s'y prendre à la maille précédente ! Pour cela, lorsque l'on crochète la dernière maille avant le changement de couleur, suivre ces étapes :

- Commencer la maille serrée normalement. Piquer le crochet, faire un jeté et tirer le fil à travers la maille. On a donc deux boucles sur le crochet.
- Changer de couleur à ce moment-là en faisant un jeté avec un fil de la nouvelle couleur et ramener ce fil à travers les deux boucles sur le crochet. Il reste une boucle de la nouvelle couleur sur le crochet.

Continuer ensuite à crocheter avec cette nouvelle couleur. Faire un nœud à l'arrière avec le fil de l'ancienne couleur et le fil de démarrage de la nouvelle. On aura parfois à faire des changements de couleur répétés. Dans ce cas, il est préférable de ne pas couper le fil de l'ancienne couleur, et de le garder pour pouvoir recommencer à crocheter avec quelques mailles après ou au tour suivant.

ENDROIT OU ENVERS DES MAILLES ?

Il est parfois difficile pour les personnes qui débutent de repérer l'endroit ou l'envers de leur ouvrage. Si vous êtes droitier, lorsque vous piquez le crochet de l'avant vers l'arrière (puis de l'extérieur vers l'intérieur à mesure que la pièce s'arrondit), l'endroit de l'ouvrage se trouve vers vous (puis à l'extérieur à mesure que l'ouvrage s'arrondit).

Pour des pièces crochetées en rond, il est plus facile de crocheter en gardant l'endroit du travail à l'extérieur. On peut faire le choix de garder l'envers apparent pour des raisons esthétiques, mais cela présente deux inconvénients. D'abord l'envers du travail est plus brouillon. L'envers des mailles serrées présente une succession de petits traits horizontaux qui forment des lignes, et les mailles sont plus difficiles à repérer et à compter. L'endroit des mailles serrées forme de petits « V » beaucoup plus faciles à compter. L'inconvénient majeur de l'envers du travail est qu'il est impossible d'y faire des diminutions invisibles. Selon le projet que vous réalisez, les diminutions seront donc beaucoup plus visibles, et l'ensemble sera moins beau.

Entraînez-vous à repérer l'endroit et l'envers avec quelques tours de mailles serrées, puis observez la différence en testant d'autres types de mailles !

LES FINITIONS

Des finitions propres sont très importantes pour un joli résultat. Voici comment arrêter et fermer les différentes pièces crochetées.

Arrêter le fil de façon invisible

Quand on travaille en spirale, sans fermer les tours, on obtient une sorte d'escalier. La bordure n'est pas nette. Pour atténuer ce décrochement, il sera indiqué dans les explications de finir par une maille coulée.

Couper le fil à 15 cm environ et enfiler une aiguille. Sauter la maille suivante et passer l'aiguille sous les deux brins d'après, de l'intérieur vers l'extérieur de la pièce. Puis passer l'aiguille sous le brin arrière de la maille coulée, en piquant vers l'intérieur de la pièce. Faire un nœud à l'arrière.

Cette technique reproduit les deux brins d'une maille par-dessus la maille que l'on a sautée. Cela permet d'obtenir un résultat net sans pour autant changer le nombre de mailles.

Fermer une pièce

Après avoir fait la dernière maille, couper le fil à 20 cm environ. Avec une aiguille, faire passer le fil sous le brin avant de la maille suivante, de l'intérieur vers l'extérieur. Faire de même avec toutes les mailles du dernier tour crocheté (5 ou 6 mailles en général). Puis tirer le fil pour resserrer l'ouverture. Passer ce fil par le trou central pour le faire ressortir de l'autre côté de la pièce crochetée. Ajuster la tension pour que ce soit bien fermé, mais que cela n'écrase pas la pièce. Passer le fil dans la pièce une ou deux fois de plus pour bien sécuriser la fermeture. Couper le fil à ras.

L'ASSEMBLAGE

Coudre deux pièces ouvertes bord à bord (tête et corps, par exemple)

Quand les derniers tours des deux pièces ont le même nombre de mailles, passer simplement le fil alternativement dans une maille du corps (de l'intérieur vers l'extérieur) puis dans une maille de la tête (de l'extérieur vers l'intérieur). Bien vérifier l'alignement de la tête et du corps après quelques points de couture, et recommencer si nécessaire en décalant le premier point. Après avoir réalisé le dernier point, rentrer le fil plusieurs fois pour sécuriser la fermeture et le couper à ras.

Coudre une pièce sur une autre

Ces coutures sont un peu plus compliquées et souvent la bête noire des crocheteurs ! On s'améliore avec la pratique. Positionner la pièce à coudre à l'endroit souhaité et la fixer avec des épingles afin qu'elle ne bouge pas. Il faut coudre toutes les mailles du dernier tour pour obtenir une jolie finition. Passer l'aiguille sous un fil de la pièce fermée, puis sous les deux brins de la maille du dernier tour, de l'intérieur vers l'extérieur. Répéter cette opération pour coudre toutes les mailles. Avant de faire les derniers points, ajouter un peu de rembourrage, si nécessaire. Rentrer enfin le fil plusieurs fois et le couper à ras.

En crochetant ces mini-animaux, vous remarquerez que je couds certains éléments avant d'avoir procédé au rembourrage de la tête ou du corps. En effet, je préfère souvent nouer le fil de couture à l'intérieur, plutôt que de l'arrêter avec plusieurs allers-retours. Les coutures étant petites, comme les animaux, cela assure une meilleure tenue.

Par exemple, il sera difficile d'avoir les pattes avant ou arrière très collées au corps sans faire un nœud bien serré à l'arrière.

Cependant, il est tout à fait possible de coudre tous les éléments de la tête après l'avoir rembourrée, si vous êtes plus à l'aise ainsi.

BRODERIES

Plusieurs modèles indiquent de broder des éléments sur le visage (sourire, sourcils, etc.). Si on sait exactement où les placer, on peut les broder avant d'avoir rembourré la pièce et faire simplement un nœud à l'arrière du travail. Cependant, il est souvent difficile d'évaluer le bon emplacement avant l'étape du rembourrage. Pour broder ces éléments après le rembourrage, prendre une aiguille longue et fine et piquer entre deux mailles à l'arrière de la pièce, ou dans le rembourrage au niveau de l'ouverture de la pièce, en faisant ressortir l'aiguille à l'endroit où l'on doit broder. Broder les éléments, puis faire ressortir le fil à l'endroit exact où l'on a piqué à l'arrière de la pièce, ou à nouveau au niveau du rembourrage. Faire un nœud avec les deux fils, puis pousser le nœud à l'intérieur de la pièce pour le rendre invisible. Avec une aiguille, si nécessaire, rentrer les deux extrémités du fil et couper ce qui dépasse.

QUELQUES CONSEILS AVANT DE COMMENCER

Pour obtenir un travail régulier, ne pas trop serrer les mailles, pour pouvoir facilement passer le crochet à travers et conserver toujours la même tension. Si on est débutant, s'exercer à faire les points de base avant d'attaquer le premier modèle. Cela permettra d'être plus à l'aise avec les différents points de base et leur abréviation, et de ne pas être obligé de revenir sans cesse à la partie **Techniques**.

Ne pas hésiter à varier la taille du crochet en fonction de sa façon de crocheter : quelqu'un qui crochète trop lâche gagnera peut-être à utiliser un crochet de taille inférieure. À l'inverse, quelqu'un qui crochète trop serré pourrait opter pour un crochet de taille supérieure.

Lire entièrement les instructions d'un modèle avant de le commencer de façon à s'assurer d'avoir tout compris et de ne pas passer à côté d'une information importante.

Le temps nécessaire à la réalisation de chaque animal est donné à titre indicatif et varie évidemment en fonction de votre expérience et de votre façon de crocheter. La durée indiquée correspond au temps que je mets en lisant les instructions au fur et à mesure et en crochetant tranquillement.

Attention ! Ces mini-animaux ne sont pas adaptés à des enfants de moins de 3 ans. Si toutefois vous prenez la responsabilité d'en réaliser pour des enfants, je vous conseille de remplacer les yeux de sécurité par des yeux brodés et d'utiliser un petit crochet, afin de ne pas avoir de trous entre les mailles qui pourraient laisser sortir le rembourrage.

ABRÉVIATIONS

aug. = augmentation(s)
dim. = diminution(s) invisible(s)
m. = maille(s)
m. c. = maille(s) coulée(s)
m. l. = maille(s) en l'air
m. s. = maille(s) serrée(s)
rg(s) = rang(s)
tr(s) = tour(s)
( ) x 6 = crocheter 6 fois ce qui est entre parenthèses
(6 m.) = décompte de mailles pour chaque tour

Allez plus loin et perfectionnez-vous en crochet avec **So Croch'** :

Retrouvez tous les mini animaux
de So Croch' et bien plus encore
dans la collection **Atelier crochet** !

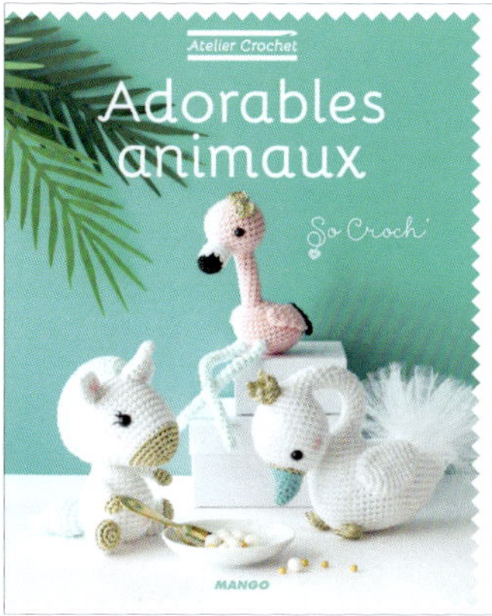

Partagez les photos de vos
réalisations sur les réseaux
sociaux avec le
#**adorablesminianimauxaucrochet** !
Je serai ravie de voir votre travail !

Restez connecté et retrouvez
les coulisses et nouveautés
de So Croch' ici :

www.socroch.fr
www.instagram.com/socroch
www.facebook.com/socroch
www.youtube.com/c/SoCroch

REMERCIEMENTS

Merci à toute l'équipe des éditions Mango qui continue de mettre à l'honneur
mes petits animaux cette année, avec deux beaux coffrets.

Merci à DMC pour tous ces jolis fils qui me permettent de créer et crocheter.

Merci à Sonia Roy et Fabrice Besse pour les adorables mises en scène et les superbes photos.

Merci à ma famille et aux ami.es qui me soutiennent et m'encouragent au quotidien.

Merci de tout cœur à vous, qui continuez à offrir une place de choix
à mes minis sur votre crochet, et dans les librairies.

LIENS DES QR CODES

p. 14 : Comment tenir le crochet : https://www.youtube.com/watch?v=xYKAFt48vqg
Chaînette, maille en l'air : https://www.youtube.com/watch?v=DwrXeXsg_5s
Maille coulée : https://www.youtube.com/watch?v=0SbBd7xrREw
Maille serrée : https://www.youtube.com/watch?v=RdcJyau2BbQ

p. 15 : Cercle magique : https://www.youtube.com/watch?v=0uk_Yno_5rc

p. 16 : Crocheter en spirale : https://www.youtube.com/watch?v=yH8lZ8j-_Kg
Crocheter en tours fermés : https://www.youtube.com/watch?v=blb39QXeAIQ
Augmentations : https://www.youtube.com/watch?v=HO62yQrEQiE

p. 17 : Diminutions : https://www.youtube.com/watch?v=xmMpWL2O3Mg
Changements de couleur : https://www.youtube.com/watch?v=d6gfmekDods

LES LAINES

L'éditeur et l'autrice remercient
DMC pour les magnifiques laines qui ont servi à la réalisation des modèles.

Direction : Guillaume Pô
Direction éditoriale : Tatiana Delesalle
Édition : Clara Soupart assistée de Wendy Gonzales
Direction artistique : Chloé Eve
Mise en pages : Studio Blick
Photographie : Fabrice Besse et Sonia Roy
Direction de fabrication : Thierry Dubus
Suivi de fabrication : Audrey Bord
1re édition

ISBN : 9782317034978
Code MDS : MN34978

Achevé d'imprimer
en septembre 2024 en Chine
© Mango, 2024
www.mangoeditions.com
Dépôt légal : octobre 2024
Ce livre a été imprimé sur papier FSC®
issu de sources responsables.